La solución

La solución

El método Ajram

Josef Ajram

Primera edición en esta colección: noviembre de 2011
Segunda edición: enero de 2012

© Josef Ajram, 2011
© del epílogo, Albert Figueras, 2011
© de la presente edición, Plataforma Editorial, 2011
Editor literario: Albert Figueras

Plataforma Editorial
c/ Muntaner, 231, 4-1B – 08021 Barcelona
Tel.: (+34) 93 494 79 99 – Fax: (+34) 93 419 23 14
www.plataformaeditorial.com
info@plataformaeditorial.com

Depósito legal: B. 898-2012
ISBN: 978-84-15115-65-6
Printed in Spain – Impreso en España

Diseño de cubierta:
Jesús Coto
jesuscoto.blogspot.com
© fotografía de la cubierta: Sergi Jasanada

Fotocomposición:
Serveis Gràfics Rialtex

El papel que se ha utilizado para imprimir este libro proviene
de explotaciones forestales controladas, donde se respetan
los valores ecológicos, sociales y de desarrollo sostenible del bosque.

Romanyà-Valls
Verdaguer, 1 - Capellades (Barcelona)
www.romanyavalls.com

Índice |

1. El momento ¡Eureka!

Si os digo que el contenido de las siguientes treinta páginas se me ocurrió el verano de 2011 en Ibiza, probablemente lo primero que os vendrá a la cabeza son imágenes de discotecas, noches cálidas junto al mar, yates con luces y gente «guapa» de la *jet* atracados frente a la costa, vestidos blancos con un toque hippy, música a tope y alcohol a saco.

Si, además, añado que allí pensé titular este libro *La solución*, seguramente os diréis que en Ibiza puede suceder cualquier cosa y quizás estéis tentados de sospechar que, o bien el sol me había calentado la cabeza, o bien me habían puesto algunos polvos en el refresco. Pero nada más lejos de la realidad.

Me esperaba un año difícil. Por un lado, estaba el Ultraman en noviembre, nada menos que 10 kilómetros nadando, 145 pedaleando y 275 más en bici al día siguiente, para finalizar con 84 kilómetros corriendo.

Pero, además, quedaba menos de un año para el gran reto: «7 días, 7 islas y 7 ironmans», el reto de los retos.

Y prepararse no es fácil. No valen vacaciones ni sábados o domingos… El límite se busca teniendo claro el objetivo, con constancia, dedicación y esfuerzo. En definitiva, que, aunque parezca extraño, mi objetivo principal al ir a Ibiza no era pasar las vacaciones apalancado entre el hotel y la playa o en un sofá de cualquier terraza *chill-out*, sino cambiar de paisaje para seguir con mi plan de entrenamiento.

Ibiza es una isla pequeña donde el espíritu mediterráneo se vive en estado puro; montañas que se precipitan sobre un mar cristalino, playas de arena blanca y vegetación baja que alterna con bosques de pinos y olivos y, en medio, tierra rojiza, una característica que hizo creer a los fenicios que Ibiza era una isla bendecida por los dioses y, quién sabe si influido por esta opinión, dicen que Nostradamus predijo que la isla sería «el último refugio de la tierra» tras el cataclismo.

¿Qué podía hacer en Ibiza, una de las dos islas Pitiusas? Pues entrenar y entrenar. Correr, nadar e ir en bicicleta. Y cuando uno se dedica a estas actividades un día tras otro, naturalmente tiene mucho tiempo para admirar el paisaje, contemplar atardeceres magníficos y auroras extraordinarias, y también para pensar.

Pensar en uno mismo, pero también en los demás y en lo que sucede en el mundo.

Entonces se me ocurrió. Sin más, sin buscar nada especial. Sólo cruzando caminos polvorientos en plena canícula y braceando por las aguas tibias, como de esmeralda, mientras daba vueltas al mundo de la Bolsa, a la crisis financiera y a todo lo que está sacudiendo el planeta desde hace tres años. De pronto, como si fuese uno de aquellos momentos ¡Eureka! que a veces acontecen, fue como si un viento fuerte empezase a soplar sobre la niebla del cerebro: encontré un hilo y empecé a seguirlo hasta llegar a la idea que expondré a continuación.

En realidad, no creo que se tratase de inspiración ni de influencias telúricas (otra de las leyendas que envuelve Ibiza). Más bien creo que fue el resultado de muchos años en la Bolsa, muchos años observando los movimientos de los mercados y reflexionando sobre ellos: de pronto, esas ideas se unieron y lo tuve (lo tengo) claro.

Fijaos si me motiva, que a última hora decidí no ir al Ultraman del mes de noviembre para poder centrarme en la promoción de estas páginas y devolver, así, la confianza que Plataforma Editorial ha depositado en mí.

Quiero compartir *La solución* con cuantos más lectores mejor. Es *mi* solución, pero estoy convencido de que también puede ser una solución para el mundo.

2. La solución |

Las palabras y las ideas que vienen a continuación surgen de alguien que se dedica al mundo de la Bolsa desde hace años y que se gana la vida con la especulación financiera, comprando y vendiendo acciones el mismo día. De pronto, un día empecé a darme cuenta de que, desde hace un tiempo, la Bolsa está afectando demasiado a la economía real. Y cuando la Bolsa afecta a la economía real, parece que podría haber mecanismos que evitasen esa manipulación de los mercados financieros (e, indirectamente, esa manipulación de la economía real).

Empezaré diciendo que me dedico profesionalmente a intentar comprar barato y vender caro; sin embargo, a pesar de ello, creo que tengo un punto de ética que hace que sienta la necesidad de que hay que contar las cosas, de que tengo que dar una explicación al mundo, aunque sea porque creo que ¡ya basta de manipular los ahorros de nueve millones de españoles!

En realidad, es una situación que me encantaría no tener que explicar, porque eso significaría que la economía va bien o que realmente no están manipulando los ahorros de todos nosotros porque, al final, nos guste o no, la Bolsa es el eje del mundo. El hecho es que un mercado financiero en España negocia 3.000 millones de euros al día, y que lo que se negocia en España en 200 días es lo que se negocia en Estados Unidos en sólo dos; ésta es la realidad, nos guste o no. Nuestros ahorros (ya sea en acciones, en planes de pensiones o en fondos de inversión) están indexados a la renta variable, y estos ahorros son los de nueve millones de personas que, si no están o no reciben la justa valoración, indudablemente van a tener una menor capacidad de consumo. Al final, ésta es la consecuencia más directa. Si los mercados de valores nos manipulan, la capacidad de consumo de estos nueve millones de españoles va a ser menor debido a una mala valoración de su ahorro.

Esto es precisamente lo que voy a explicar en este libro. No te preocupes, porque estas páginas no quieren ser ni un tratado de macroeconomía ni un manual de teoría económica. Simplemente se trata de la visión de alguien que se encuentra en el ojo del huracán. Y también de alguien que se vio desbordado y sorprendido a la vez cuando, hace pocas semanas, Alessio Rastani saltó a la luz pública con sus opiniones contundentes, una serie de afirmaciones que escandalizaron al mundo.[1]

1. Véanse, por ejemplo: *La Vanguardia* (27-09-2011), «Alessio Rastani: "Goldman Sachs gobierna el mundo"» <http://bit.ly/okyRCe>, o *El País* (27-09-2011), «Un especulador irrita al mundo. Alessio Rastani reconoce que es una persona a la que le gusta llamar la atención. "Goldman Sachs gobierna el mundo" o "esta crisis es un sueño para hacer

Te propongo una solución.

Es la solución de alguien que cree que, arreglando unas pequeñas cosas prácticas, se llegaría al *virus* del problema. Déjame aclarar que las políticas económicas están muy bien, lo que ocurre es que la política es tremendamente lenta; muy, muy lenta. En cambio, los mercados van a una velocidad tan rápida que son capaces de provocar que las políticas que van por el buen camino no lleguen a tiempo para poder aplicarse... Piensa que, al final, si la solución no se aplica rápidamente, los políticos no van a tener lo que más necesitan ahora mismo: tiempo.

Quiero intentar mostrar a los políticos cómo ganar tiempo, pero lo expondré con toda la humildad. Por supuesto, yo no quiero ser el Robin Hood de nada ni de nadie, pero sí pienso que las reflexiones que siguen, hechas por alguien como yo, que ha vivido de esto cada día en los últimos 13 años, deberían llevar a la acción.

Lo expondré en tres partes: (1) qué ha pasado y qué está pasando; (2) el *virus* del problema y (3) la solución.

1. Qué ha pasado y qué está pasando

Todo viene del fatídico septiembre de 2008, aquel aciago 15 de septiembre de 2008 en que Lehman Brothers quebró. En aquellos meses, las caídas de bancos de inversión centenarios

---

dinero" son algunas de las declaraciones a la BBC del bróker que ha incendiado la red» <http://bit.ly/nWvEDm>.

horrorizaron al mundo. Aparte de Lehman Brothers, también sucumbió Bear Stearns; la primera había sido creada en 1850 y la segunda, en 1923.

Estos hechos estaban demostrando al mundo una fragilidad increíble: acciones que un jueves por la tarde valían 60 dólares, al día siguiente pasaron a valer 30 y, después de un fin de semana y de una quiebra anunciada, sólo valían 3.

En mi opinión, en este momento el mundo se dio cuenta de que la inversión en Bolsa era tremendamente peligrosa, que las empresas que cotizaban en Bolsa nos mentían, y que nos mintieron con una fragilidad y con un descaro increíble.

¿Cómo podía ser que una de las máximas instituciones financieras hubiera ocultado información –¡y hasta ese punto!– a cientos de miles de inversores, mientras las agencias de calificación nos hacían creer que se trataba de un banco solvente?

Las agencias de calificación son unas de las grandes culpables de las inestabilidades que observamos hoy en día, haciéndonos creer que comprar deuda de esos bancos era lo más seguro. En aquel momento, esos bancos de inversión tenían calificaciones de triple A (la máxima permitida) y, a pesar de esa calificación, todo se fue a pique en tres días.

El sistema no se hundió en aquel momento porque la Reserva Federal de Estados Unidos actuó de una manera brillante, inyectando liquidez y empezando los famosos *Quantitative Easing* (QE). Los QE eran planes de estímulo que ayudaron a que no quebrara un sistema capitalista que, aunque muchos desearían que quebrase, nos guste o no también es la esencia de nuestro día a día y de nuestro futuro (a corto plazo, por lo menos).

Una vez salvado ese bache que provocó unas volatilidades increíbles en Bolsa, parecía que, a nivel financiero, lo peor ya había pasado. Y sí, realmente se empezó a hacer limpieza de hipotecas basura y parecía que todo estaba a salvo... hasta que los grandes especuladores profesionales se dieron cuenta de que tenían otra oportunidad de negocio, una oportunidad de negocio que ya no estaba en Estados Unidos.

¿Por qué? Pues simplemente porque ellos ya sabían que en Estados Unidos habían hecho todo el trabajo: se habían cargado todos los bancos que pudieron cargarse (sólo sobrevivieron los que realmente eran muy solventes), de modo que a continuación cogieron el mapa del mundo y empezaron a buscar nuevas víctimas. Nuevas víctimas que, para nuestra desgracia, encontraron en Europa.

Europa tiene el problema de que la operativa bursátil no es ni mucho menos tan líquida como en Estados Unidos, con lo cual tenían que buscar algo que no fueran empresas, porque a estos peces gordos las empresas se les quedaban pequeñas.

Entonces surgió una idea. Se preguntaron:

«¿Por qué no empezamos a crear miedo sobre los países?».

Es decir, en lugar de hacer quebrar empresas, intentarían hacer caer países. Y descubrieron una manera muy, muy hábil, que demuestra que una de las recientes afirmaciones de

Alessio Rastani (y que por lo menos escandalizó a la sociedad española) es real.

Una de las grandes verdades que dijo Alessio Rastani fue que Goldman Sachs gobierna el mundo. Dijo «Goldman Sachs» pero podría haber dicho cualquier otro banco de inversiones importante, porque realmente los bancos de inversiones gobiernan sobre los políticos.

¿Por qué?

Simplemente, porque uno de los indicadores de los países que ahora se toman como referencia para dar una idea de la «seguridad» de ese país es un indicador llamado *Credit Default Swap* (CDS). El CDS lo creó en 1994 una institución llamada J.P. Morgan.

El *Credit Default Swap*

Credit Default Swap significa «Permuta de Incumplimiento Crediticio»; se trata de una operación financiera de cobertura de riesgos, incluida dentro de los derivados de crédito y que se materializa mediante un «contrato de *swap*» sobre un determinado instrumento de crédito (normalmente un bono o un préstamo) en el que el comprador de la permuta realiza una serie de pagos periódicos (llamados *spread*) al vendedor y, a cambio, recibe de éste una cantidad de dinero en caso de que el título que sirve de activo subyacente al contrato sea impagado a su vencimiento o si la entidad emisora incurre en suspensión de pagos.

La solución

Es decir, en 1994, J.P. Morgan creó este instrumento para asegurar una deuda de Exxon Mobil; se trata de un tipo de seguro que, con el tiempo, fue adquiriendo cierta importancia. Hubo un primer *boom* de uso de este producto en el año 2003 y un segundo *boom* en 2007. En realidad es un producto con muy poca liquidez y fácilmente manipulable; además, nos han hecho creer (o nos han impuesto la idea) que, cuanto más elevado es este «coste de asegurar la deuda», más elevado es el activo que se asegura.

Estos grandísimos especuladores han tenido mucha habilidad, porque en respuesta a una sociedad necesitada constantemente de información y de conceptos como la actual, han sabido adaptar e introducir uno que representa algo tan importante como es «el miedo».

Han sabido cuantificar el miedo.

Veamos algunos ejemplos. Probaron con Grecia, un país pequeño y con el que sabían que tenían poco que perder; se encontraron con una grata sorpresa, que es la siguiente: ese órdago que habían lanzado de hacer creer que el miedo se regulaba mediante este índice, les salió bien; lo consiguieron.

Trataré de demostrar esta manipulación a partir de dos gráficos pertenecientes a Grecia.

El Gráfico 1 (pág. 20) muestra la evolución histórica del valor del CDS de Grecia; en enero de 2007 el valor de su CDS era de 7,38; ascendió hasta 23 a inicios de 2008, fue de 230 en enero de 2009, de 280 a principios de 2010, y alcanzó un valor de 5.349 el 22 de septiembre de 2011.

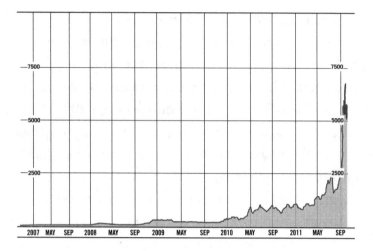

Gráfico 1. CDS de Grecia desde enero de 2007 hasta septiembre de 2011.

Bien, es lógico que nos hagan creer que en otoño de 2011 la probabilidad de quiebra de Grecia es superior a la del año 2007. Ahora bien, que pretendan que creamos que hoy es 700 veces más probable que Grecia quiebre de lo que lo era en enero de 2007 es un juego de magia.

Cuando Lehman Brothers quebró a finales de 2008, la SEC (Securities and Exchange Comission, la entidad reguladora del mercado de valores norteamericano) dijo que iba a tener un mayor control bursátil en Estados Unidos; y fue precisamente a partir de la quiebra de los bancos norteamericanos cuando el CDS de Grecia pasa de 53 en 2008 a 5.349 en 2011.

Sólo podemos decir que es increíble la habilidad que han tenido para hacernos creer esto, máxime cuando comparamos la rentabilidad de su bono, que se expresa en el Gráfico 2.

La solución

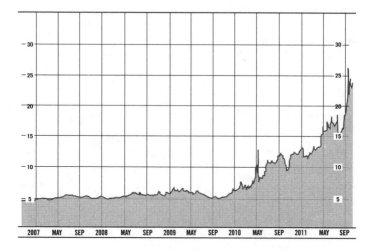

Gráfico 2. Rentabilidad del bono de Grecia desde enero de 2007 hasta septiembre de 2011.

En otras palabras, un incremento tan exponencial del riesgo (Gráfico 1) debería implicar un incremento exponencial de la rentabilidad pagada por la deuda (Gráfico 2). Sin embargo, nos encontramos con que la rentabilidad del bono griego era del 5% cuando quebró Lehman Brothers en 2008 y va aumentando, pero en ningún caso lo hace siguiendo la pendiente exponencial que sufre la deuda. En definitiva, podríamos decir de manera gráfica que la progresión del *miedo* es claramente exponencial, mientras que, con la excepción del último período (2011), la rentabilidad del bono sigue una progresión aritmética.

Podemos examinar ahora el ejemplo de España. En este caso, la manipulación es dramática; salvaje.

La solución

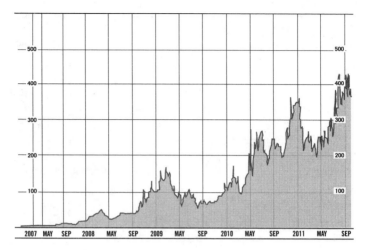

Gráfico 3. CDS de España desde enero de 2007 hasta septiembre de 2011.

En el Gráfico 3 se puede observar cómo a mediados de 2007 el CDS estaba en 3,40 puntos básicos, mientras que el tipo de deuda a pagar en España en el bono a 10 años era del 4,7% aproximadamente (Gráfico 4). Una ridiculez.

Ahora bien, vuelven a darse cuenta del potencial que tiene España para poder ganar dinero mediante la treta utilizada en Grecia, porque España es un pastel mucho más atractivo que el país helénico, ya que hay varias empresas que cotizan en el Eurostock (el índice con las 50 mayores compañías: Banco Santander, BBVA, Repsol, Telefónica, etc.). Por tanto, piensan que pueden sacar un provecho mucho mayor.

Si miramos el Gráfico 4 veremos que, en la actualidad, el bono está prácticamente en los mismos niveles, sobre el 5%,

La solución

un 0,3% más que en 2007; sin embargo, en ese período, el CDS ha pasado de 3 a 300 que está en la actualidad (Gráfico 3). Es decir, el riesgo del país se multiplica por cien cuando la rentabilidad a pagar por el bono a diez años sólo se incrementa un 0,3% a pagar, que no es nada.

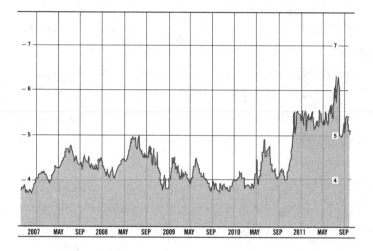

Gráfico 4. Rentabilidad del bono de España desde enero de 2007 hasta septiembre de 2011.

¿Cómo se podría solucionar este problema concreto de los CDS?

La respuesta es simple: probablemente con una mayor regulación de un índice creado por un banco de inversión.

Aquí tendríamos una primera solución: que los políticos de turno –sean quienes sean– no dejen que un índice creado por el banco de inversión J.P. Morgan nos haga creer que porque hoy pagamos un 5% en el bono a 10 años estamos peor de lo que estamos.

En estas dos últimas gráficas podemos percibir que nuestro «riesgo país» hoy no es cien veces superior al de hace cuatro años, porque la deuda que hemos de pagar (el tipo de interés que hemos de pagar por esa deuda que percibimos) no lo refleja así. En cambio, sí que lo reflejan las dos gráficas de Grecia. Grecia pagaba un 5% en 2007 y ahora paga un 20%; sin embargo, España pasó del 4,7% al 5%. Ahora bien, esta actitud no funciona en todas partes. Con Alemania, por ejemplo, no se atreven. Los Gráficos 5 y 6 permiten comparar lo que ha sucedido en Alemania con lo que hemos observado que está pasando en Grecia o España.

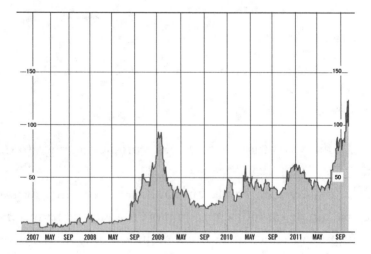

Gráfico 5. CDS de Alemania desde enero de 2007 hasta septiembre de 2011.

En este caso se puede observar algo completamente distinto de los dos ejemplos anteriores: el CDS indica que va subiendo el riesgo entre 2008 y 2011; sin embargo, al mirar qué pasa con la rentabilidad del bono alemán durante este período (Gráfico 6), vemos que ésta baja. O sea, el efecto es exactamente el contrario.

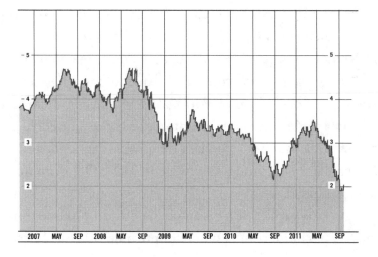

Gráfico 6. Rentabilidad del bono de Alemania desde enero de 2007 hasta septiembre de 2011.

El caso de Alemania es, sin lugar a dudas, muy significativo precisamente porque, cuando se produce un ligero incremento del valor de los CDS, la reacción es una disminución de su rentabilidad. En otras palabras, cuando han intentado provocar miedo, éste ha producido el efecto contrario al esperado: no un incremento de la rentabilidad, sino una disminución de la misma.

La explicación de este comportamiento *anómalo* es que el dinero siempre tiene que estar invertido en algún lugar, los grandes fondos soberanos siempre necesitan mover la liquidez, y ahora estiman que comprar bonos alemanes es una de las inversiones más seguras que hay, de manera que cuando sube el precio del bono disminuye la rentabilidad a pagar por él.

Se trata de un ejemplo claro de fortaleza que demuestra cómo funciona el sistema, a la vez que les envía una señal a los grandes especuladores, como diciéndoles que lo han intentado y conseguido con Grecia, que lo han intentado y conseguido con Irlanda y Portugal, pero que con Alemania no van a poder, así que es mejor que se olviden de ellos. En resumen, la muestra más clara de que no van a poder con Alemania es que, ante un incremento del CDS, disminuye la rentabilidad.

Ésta es la explicación de lo que ha pasado y lo que todavía está pasando, cómo están manipulándonos con el riesgo país y qué consecuencias tiene todo esto sobre la rentabilidad.

En el fondo, si todo acaba bien, lo que estos especuladores están haciendo es un favor a la economía real.

Sí, un favor (si todo acaba bien), y explicaré el porqué. Esta provocación, este inculcar miedo a la clase política y crear la alarma social que se está produciendo en la actualidad, en el fondo está logrando que la clase política acelere unas medidas de austeridad y de racionalidad que deberían haber tomado hace años. Medidas como las de Berlusconi en Italia, medidas como las que se están planteando en España..., son medidas que los políticos se dan cuenta de que deberían haber impulsado hace un tiempo. Los políticos deberían haber tenido esa velocidad que exigimos desde los mercados financieros. Sin embargo, la realidad es que la política es demasiado lenta, cuando tendría que ir acorde con los mercados; esto demuestra otra vez que los mercados dominan a la política.

Si los mercados no hubieran tenido la habilidad de crear miedo y alarma social, poniendo en jaque lo que más necesita un Estado (la financiación), probablemente estos gobiernos no habrían hecho sus deberes. Gracias a estos deberes, podemos entender que en un futuro no muy lejano tendremos una serie de soluciones políticas en la economía real.

Ahora bien, para llegar a ese momento futuro que estamos comentando, necesitamos tiempo; necesitamos una *financiación de tiempo*. Para ello, hemos de ir directos al virus del problema.

2. El virus del problema

Podemos preguntarnos cómo ganan ellos, los grandes especuladores. Ya sabemos que nos manipulan, pero ¿cómo ganan ellos en este pastel?

Es muy sencillo. Resulta que cuando hubo la crisis bancaria de finales de 2008, a nosotros, los *traders*, la Comisión

Nacional del Mercado de Valores (CNMV) nos dijo que ya no podríamos vender acciones que no teníamos.

Hasta el año 2008, ésta era una práctica habitual para cualquier inversor de a pie, siempre y cuando cerrara las operaciones el mismo día. Es decir, se podían comprar y vender acciones haciendo la rotación de capital que cada uno deseara. Dado que la SEC (el regulador americano) se puso tan estricto en Estados Unidos, en España la CNMV no dudó en seguir esta línea y, de manera acertada, intentó limitar directamente esta práctica de *trading*.

A veces la gente me pregunta: «Josef, con esto del intradía, ¿tú qué aportas a la sociedad?».

Es importante que se sepa que, haciendo operaciones de compra y venta, siempre necesitas a un intermediario financiero a quien le pagas unas comisiones, y estas comisiones ayudan a sostener una agencia de valores, entre otras cosas.

Sin embargo, la cuestión es que los grandes bancos necesitaban esta generación de comisiones; por tanto, si al pequeño accionista sólo se le daba la oportunidad de ir en una dirección (o sea, la oportunidad de comprar y vender, pero no de vender y luego comprar), se le estaba restando una de las dos posibilidades. Entonces se fomentó un producto financiero que se llama CFD (*Contract for Difference*), que ya existía unos años antes, pero que se empezó a hacer muy popular a raíz de esta prohibición. El CFD permite realizar esta práctica de comprar y vender y de vender para, más tarde, comprar. Comprar-vender, vender-comprar.

La solución

Vender sin tener

Parece que esto de vender algo que no se tiene va en contra de la lógica. Por eso creo que es importante que nos detengamos un momento para explicarlo. En realidad, es muy sencillo: si pensamos que unas acciones van a bajar, contratamos un CFD (algo que está al alcance de cualquier persona del mundo y que se puede hacer desde cualquier lugar del mundo, sólo teniendo el software adecuado y conexión a Internet).

Bien, pongamos un ejemplo: creemos que el Banco Santander va a bajar; vendemos «mil CFD», y eso significa que nuestro intermediario (quien nos ofrece el CFD) buscará mil acciones de este valor y las venderá directamente al mercado por nosotros: es como si nos prestase estas acciones. Si la cotización baja, yo compraré estos CFD y el intermediario comprará estas acciones; si, en el proceso, yo gano, ingresaré la cantidad; si pierdo, tengo que abonar esa cantidad. Y, en este caso, yo perderé si la acción sube y ganaré si la acción baja.

Lo novedoso del CFD es que se trata de un producto financiero que permite mantener esas posiciones vendidas durante mucho tiempo; es decir, no hace falta cerrar la operativa el mismo día.

Sin lugar a dudas, dicha posibilidad facilita que este grupo de manipuladores del mercado pueda ganar cuando la Bolsa baja; es decir, **abre la puerta a poder ganar creando miedo.**

La solución

Hablo de acciones y de CFD porque es el activo que conozco, y ya he empezado diciendo que iba a hablar de lo que conozco profundamente porque constituye mi día a día desde hace años. Ahora bien, no tengo ninguna duda de que futuros, bonos y una gran cantidad de productos financieros existentes también permiten una superespeculación que convierte el nivel de especulación que hay sobre acciones y CFD en algo ridículo.

Centraré mi explicación en las acciones, porque al final es lo que directamente va a afectar al valor de la compañía. Por tanto, estos especuladores crean miedo subiendo los CFD, y el miedo provoca que la renta variable sea inestable y baje, de modo que sus posiciones bajistas en el activo que sea hacen que ellos ganen mucho dinero. Veamos a qué conduce esto con un ejemplo práctico. En la tabla siguiente se muestran los datos obtenidos de la Bolsa de Madrid el día 10 de octubre de 2011 a las 18:57. Esta tabla muestra los saldos netos de acciones prestadas para cuatro valores seleccionados del Mercado Continuo, así como su variación respecto al día, semana y mes anterior.

Valor	Saldo Neto	Constitu-ciones	Cancela-ciones	Δ Día	Δ Semana	Δ Mes
BBVA	558.378.056	32.887.482	11.234.958	21.652.524	558.378.056	63.794.212
Iberdrola	497.287.263	6.419.784	19.189.653	-12.769.869	497.287.263	-23.887.489
Santander	575.293.371	27.109.839	52.234.608	-25.124.769	575.293.371	-89.394.783
Telefónica	500.136.571	5.202.020	18.037.485	-12.835.465	500.136.571	48.845.722

La solución

Si observamos la columna «Saldo Neto» de acciones prestadas, vemos que, en ese día concreto, BBVA tenía 558 millones de acciones prestadas, Iberdrola 497 millones, Santander 575 millones y Telefónica 500 millones. Si tomamos estos cuatro valores, que son los que tienen mayor peso, veremos que, en ese día concreto (que no era ninguna excepción ni tuvo nada de especial), había 2.110 millones de acciones que se habían «prestado» a la espera de que estas cotizaciones bajasen.

Según Invertia.com (día 26 de octubre de 2011), los bajistas *controlan* aún el 5,602% del capital de **Bankinter** (en agosto tenían un 5,83%), por lo que continúa siendo el banco español con más capital prestado y no muy lejos del máximo de mitad de julio (6,089%). **Wellington Management Company** es el fondo que más «ataca» a la entidad que preside Pedro Guerrero, con el 3,56% de su capital en préstamo. Lo siguen Marshall Wace (0,876%) y Discovery Capital (0,836%).

Un inversor juega a la baja contra un valor pidiendo sus acciones prestadas en el mercado. Una vez que las tiene, las vende con la intención de recomprarlas más tarde a un precio más bajo. La ganancia es la diferencia entre el precio de venta y el de compra. El prestador de los títulos recibe un tipo de interés a cambio. Los bancos españoles argumentan que esta operativa acaba por producir un efecto bola de nieve que dramatiza las caídas en Bolsa.

Las posiciones cortas en **Banco Popular** se mantienen invariables en el 5,419% de su capital desde el 12 de agosto. Es decir, en tres meses ninguno de los fondos que juega a la baja contra la entidad que preside Ángel Ron ha reducido su apuesta lo más mínimo. Discovery Capital (0,996%) y Wellington Management (0,670%) también son los principales azotes de la entidad que acaba de llegar a un acuerdo para comprar Banco Pastor. El **0,27%** de la entidad gallega está prestado a inversores que apuestan en su contra. No es un porcentaje reseñable, aunque los bajistas sufrirán fuertes pérdidas debido a que Pastor subió más del 30% tras el anuncio de la oferta de Popular, por lo que es muy probable que tengan que recomprar los títulos a un precio muy superior al que los vendieron.

Banco Sabadell, por su condición de banco doméstico, es otra de las alternativas que tienen los inversores para apostar contra España. Las posiciones cortas en la entidad que preside José Oliú están en el 3,591%, idéntico porcentaje al del 11 de agosto de este año. **Wellington Management** (1,842%) vuelve a ser el fondo con más interés en que Sabadell lo haga mal en Bolsa.

Si aquí, en una Bolsa relativamente pequeña como es la española, sucede esto, no quiero imaginar qué puede estar pasando en otros escenarios, pero el resultado es que aquí sí logran manipularnos, como hemos visto en las gráficas de riesgo del país y de la rentabilidad, lo que en Alemania no son capaces.

En definitiva, mientras en España se les permita operar a sus anchas y sea posible que, sólo en cuatro valores, haya estos 2.110 millones de acciones, ellos siempre van a tener a España como objetivo para intentar seguir haciéndonos creer que la economía real está peor de lo que realmente está.

3. La solución

En economía, como en tantas otras cosas de la vida, el vaso siempre se puede ver medio lleno o medio vacío.

Al final, el problema de que se permita que haya 2.110 millones de acciones de cuatro compañías vendidas sin tenerlas se focaliza en la siguiente pregunta clave: **¿Cómo vamos a creer en la inversión en renta variable, cómo vamos a creer en la inversión en fondos de inversión indexados en el IBEX o en planes de pensiones de renta variable, si las compañías no pueden reflejar su valor real?**

Porque, si una acción como Telefónica lleva un lastre de 500 millones de acciones *vendidas*, esos millones de acciones no van a permitir que la acción pueda reflejar su valor real. Además, las manos fuertes que tienen el poder de asumir estos riesgos son quienes tienen el poder de hacernos creer siempre que el vaso está o medio lleno o medio vacío.

Recordemos: **la información es fácilmente manipulable y nosotros somos muy cobardes.**

Por tanto:

- si queremos que el ahorro de nueve millones de españoles esté bien valorado,

- si queremos que las empresas que cotizan en la Bolsa española reflejen su valor real,

- si queremos espantar a los que nos hacen creer en el riesgo país mediante el *Credit Default Swap* (recordemos, un indicador creado por un banco de inversión americano),

- si queremos espantarlos y hacer que piensen que con España no es posible crear un miedo innecesario...

... **la única salida es política: que se prohíba de una vez vender algo que no se tiene siempre que se arrastre esta posición vendedora durante más de un día.**

Hay que prohibir vender cosas que no se tienen, pero no en el mismo día, porque hacerlo en el mismo día no deja de dar liquidez al sistema, y debe ser permisible tener esa liquidez. Lo que no es tolerable es que sólo en España haya dos mil millones de acciones de las cinco empresas más importantes de la Bolsa española vendidas en préstamo sin tener.

Si éste es *el virus* del problema, atacándolo directamente vamos a ganar tiempo para que, luego, la política haga sus deberes —que es eso lo que han de hacer (sus deberes y las cosas bien)—.

La solución

Pero, para que puedan hacer las cosas bien, necesitamos una solución ¡ya! Y si no hay una acción urgente, nunca llegaremos a dar con esas soluciones en la economía real.

Si queremos evitar un futuro crac bursátil, desde un punto de vista político se ha de prohibir terminantemente vender cosas que no se tienen.

¿Quién puede oponerse a esta solución? ¿Quién tiene intereses en que esto continúe de esta manera y puede oponerse a esta solución?

Colegas, e incluso alumnos míos, me preguntan: «Pero, Josef, ¿cómo puedes tirar piedras contra tu propio tejado?, ¿cómo puedes decir que han de prohibir las posiciones bajistas?».

Es importante aclarar que sólo estoy proponiendo prohibir las posiciones bajistas siempre que estas posiciones se aguanten más de un día.

El sistema bursátil necesita liquidez y necesita el *trading*, necesita comprar y vender varias veces en un día, pero lo que no se puede permitir es aguantar esa posición, ese deseo de que la acción baje, más allá de unas horas.

Los únicos que pueden oponerse a esto son los grandes especuladores. Y me apuesto un euro a que la gran mayoría de estas acciones están siendo vendidas por no residentes en España, es decir, pertenecen a fondos norteamericanos y europeos (aunque creo que básicamente norteamericanos), y en ningún caso deberían condicionar a la clase política, si su decisión de prohibirlo es un bien para la sociedad española.

A efectos políticos, sí debería haber una homogeneización. Es decir, si lo hace un país, debería hacerlo el resto de la Unión Europea.

No sirve de nada la medida actual que permite vender sin tener en 16 valores de la Bolsa española, cuando se permite vender, por ejemplo, acciones del Banco Santander en la Bolsa de Londres o en la Bolsa de Nueva York, con lo cual, una venta allí puede condicionar la acción de aquí. Por tanto, también es muy importante que haya una homogeneización. Todos por el mismo camino en busca de esta justicia en favor del ahorro de las personas porque, en caso contrario, con esta disminución del ahorro se producirá una disminución del consumo, una disminución de la producción de las empresas, una disminución de necesidad laboral y más desempleo. Éste es el círculo de la depresión.

Alessio Rastani decía que soñaba con una depresión para ganar él mucho dinero; pues esto, que él decía a modo de farol, hay muchos que realmente lo desean. Muchos desearían que la economía real fuera realmente mal para poder ganar gracias a estas posiciones bajistas.

Pensemos que el ejemplo que hemos dado de «Déjame mil acciones, que yo las vendo...» es algo habitual porque con sólo cuatro empresas españolas ya tenemos más de 2.000 millones.

Sólo con que supongamos un precio medio de 10 euros por acción, eso significa que **hay aproximadamente 20.000 millones de euros de valor de mercado esperando que la Bolsa española baje.**

Repito, y sólo son cuatro compañías. Imaginemos, luego, los bonos, los futuros..., hay un conglomerado increíble.

En definitiva, mi propuesta es que haya más regulación en lo que podemos regular. Al final, lo que nos interesa es que las compañías que tienen decenas de miles de trabajadores puedan reflejar su valor real.

A mí, que hagan tonterías con juegos, me parece bien; pero con personas, no.

Al final, si nos hacen creer a todos que el Banco Santander está «mal», y el Banco Santander, con las exigencias bursátiles, ha de ir apretando e ir apretándose el cinturón para mantener los niveles de beneficio, financiarse un tipo de interés más caro debido al *Credit Default Swap* y demás, eso significa que habrá más personas que irán al paro.

Hay que cortar este ciclo vicioso. Tenemos que atacar directamente el *virus*, porque, si no vamos directo a él, no podremos solucionar el problema.

Pienso que es la primera vez que alguien está dando públicamente una solución. Ahora, el crac bursátil se ha calmado un poco, pero puede regresar en cualquier momento.

¡Hagamos algo! ¡Actuemos!

Apéndice |

Artículos extraídos de las colaboraciones habituales de Josef Ajram en el periódico *ara.cat*.

Los artículos fueron redactados durante el proceso de elaboración de *La solución* y contienen algunas reflexiones aplicadas de las tesis expuestas por el autor.

Pagando la intolerable pataleta griega

6 de noviembre de 2011

Más de un lector podría pensar que esta semana la bolsa se está convirtiendo en un casino dirigido por políticos que toman decisiones de lo más ilógico a sus anchas. Y no iría mal encaminado. Lo que hace cuatro días parecía un posible cambio de tendencia en el medio plazo, con valores rompiendo resistencias importantes, se vino abajo por la indecisión de Papandreu. La actitud de este hombre ha sido algo tan inútil como no tolerable por la clase política y social europea. Es una jugada de póquer que no hay que tolerar, un chantaje fuera de lugar que afecta a cientos de millones de europeos.

No olvidemos que, dejando de lado el romanticismo que implica pensar que el pueblo puede decidir algo tan relevante como son los tremendos recortes que va a experimentar el país, la decisión la ha de asumir quien fue elegido por la mayoría, y no por un pueblo que, nos guste o no, ha sido ejemplo constante de fraude fiscal. Grecia ha de aceptar lo que se acordó el miércoles pasado en la reunión de los líderes europeos, y lo ha de aceptar por un motivo muy claro: compromiso.

La solución

Compromiso por quien está intentando ayudarles a solucionar todas las barbaridades que han hecho en el pasado.

Es obvio el interés alemán y francés para que Grecia pueda pagar, al menos, el 50% de lo que debe, ya que la exposición de sus bancos a esta deuda tóxica es muy importante. Una caída de Grecia implicaría unas pérdidas en los grandes bancos que, seguro, pesarían sobre Merkel y Sarkozy a nivel electoral.

Pero no olvidemos que el problema griego también nos llega a casa, ya que una caída griega implicaría, si cabe, una mayor restricción al crédito para las pymes y el consumidor final, crédito que es vital para empezar a reactivar la economía.

Como hemos comentado, la volatilidad de los mercados es muy importante, ya que es imposible predecir qué pasará la semana próxima. La decisión del BCE del jueves será clave para ver la capacidad de reacción de un recién llegado Mario Draghi. Pero no hay que olvidar que Draghi era máximo responsable de Goldman Sachs cuando asesoró a Grecia en su manera de actuar para poder entrar en el euro. Tiene gracia, si me lo permiten, que la persona que nos ha metido en todo este lío sea el encargado de intentar salvar la maltrecha economía europea.

El BCE no para de comprar bonos españoles e italianos, y la rentabilidad de su bono a diez años no deja de subir. Es un dato extremadamente preocupante el hecho de que Italia llegara al 6,30%, niveles nunca alcanzados desde que forma parte de la zona euro y, si tenemos que ser claros, nivel que ya empieza a ser difícil de sostener. Quizás Alemania debería empezar a abrir su perspectiva y en lugar de focalizar tanto la atención en Grecia, debería empezar a preocuparse seriamente por Italia. Como incremente la rentabilidad italiana podemos tener problemas de verdad. Ahora, lo más prudente para el inversor es estar fuera de mercado. El nivel que hay que vigilar son los 6,10 euros del Santander. Con lo que le había costado superar ese nivel, lo perdió fácilmente por la pataleta griega. Mientras este valor cotiza por debajo de los 6 euros, es totalmente intocable para quien piense de manera alcista.

Camino hacia el abismo
(si no podemos evitarlo)

13 de noviembre de 2011

El colapso italiano es una realidad. Se ha llegado a la zona crítica del 7% en su bono a diez años. Una zona llamada de no retorno, una zona donde la deuda y los intereses de un país de esta envergadura ya se hacen insostenibles. Una zona que, a Italia, le va a costar 70.000 millones de euros más sólo en intereses. En zonas de rentabilidad similar, Grecia, Portugal e Irlanda ya se consideraban en zona de no retorno. Pero el caso de Italia es diferente: su tamaño es inmensamente superior y ese es un gran problema. Es muy difícil comprender por qué se ha querido centrar tanto la atención en Grecia cuando, en realidad, hace semanas que sabemos que los grandes especuladores iban a ir a por Italia.

Queda demostrado que los mercados de capitales gobiernan el mundo y es muy necesario que los políticos se den cuenta de eso. Es indudable que los gobiernos deben tomar medidas para conseguir que la economía real vuelva a presentar esplendor, pero para conseguir aplicar esas medidas necesitan comprar tiempo, un tiempo que cada minuto que pasa va en su contra. Y todo esto con una bolsa que, aunque parezca lo contrario, está siendo muy generosa, ya que tendría que tener niveles mucho más bajos que los actuales. A inicios del 2009, con el crac bancario americano, el Ibex llegó a la zona de los 7.000 puntos. A comienzos de septiembre 2011, con los primeros «terremotos» griegos, el Ibex bajó hasta los 7.500 puntos. Lo que es una realidad es que los resultados empresariales, están salvando la papeleta. Unos resultados que, en muchos casos, vienen de América Latina y de la buena diversificación que ha sabido hacer el empresariado español.

La bolsa está bajista, muy bajista. En las últimas semanas el valor director del Ibex, el Banco Santander, sólo ha estado en dos sesiones fuera de esta zona bajista, pero con la noticia del referéndum de Papandreu, volvió a su senda bajista que de momento no tiene aspecto de abandonar. Los valores inmobiliarios están en mínimos de nuevo, un sector incapaz de levantar cabeza. ¿Cómo van a vender pisos las inmobiliarias si sus acreedores están reventando los precios? Acreedores (los bancos) que han declarado riesgos de hasta 170.000 millones en activos inmobiliarios; una locura, una más.

Las energías renovables, también en mínimos. Un sector tan romántico, que ha de salvar el mundo de la escasez de petróleo y limpiar nuestro aire, se ve lastrado por su principal fuente de ingresos: las subvenciones. ¿Cómo van a recibir subvenciones Gamesa, Fersa o Solaria si nos enfrentamos a niveles de recorte tan exhaustivos? Imposible. No olvidemos que en 2010 se destinaron más de 5.000 millones de euros a subvencionar este sector, un lujo. Por tanto, olvídese de la renta variable; váyase de viaje o consuma. Ese consumo es responsabilidad de todos y es, nos guste o no, el motor de nuestra economía. Eso sí, espero que se haya aprendido la lección y se entienda de una vez que si tenemos cinco, no podemos gastar quince. También es responsabilidad de todos confiar en nuestro sistema bancario. Se lo crean o no, cada día recibo una llamada de un conocido, alguno de ellos, un alto directivo, que me plantea su duda de tener el dinero en el banco en favor de tenerlo en una caja fuerte. Tenemos que confiar que nuestro capital va a estar bien guardado allí, y que, si las cosas van mal, el fondo de garantía va a poder hacer frente a los 100.000 euros que se han establecido legalmente. Si tiene más de 100.000 euros en una cuenta y quiere estar más tranquilo, diversifique en varias entidades y tenga la prudencia de no poner todos los huevos en la misma cesta.

La esperanza está frenando un crac bursátil

27 de noviembre de 2011

Europa se hunde o, mejor dicho, Angela Merkel está hundiendo Europa. Sin lugar a dudas, los estados están haciendo cosas muy mal, pero la postura alemana de no aceptar ninguna de las medidas con el objetivo de que los estados hagan sus deberes de austeridad y disciplina, ya está llegando muy lejos, tan lejos que en la subasta alemana del miércoles se les ha empezado a escapar la situación de las manos.

El miércoles Alemania hizo una subasta de su bono a diez años, una subasta que jamás había presentado un interés tan bajo entre los inversores. El BTC (demanda frente a la oferta existente) ha quedado en el 1,1, cuando normalmente la media se queda alrededor del 1,56. El problema de verdad surge cuando se contabiliza el 39% que se ha quedado el Bundesbank en un gesto para mejorar la subasta. Esto significa que la demanda real se ha quedado por debajo del 0,65%; es decir, no se ha cubierto la oferta con la demanda.

Ahora toca pensar por qué la gente no quiere la deuda alemana a baja rentabilidad. Uno de los motivos puede ser que están viendo que la estrategia de Merkel está equivocada, y que en algún momento Alemania puede ser arrastrada a los infiernos con el resto de Europa; es decir, que el país está dejando de ser un refugio de tanta calidad. O quizás porque la situación se está haciendo muy grave y Alemania se podría ver obligada en algún punto a respaldar la deuda de la eurozona, viendo el peligro que le acecha que se muestra en los datos macro que estamos conociendo. Esto significaría eurobonos y ayudaría mucho a la renta variable, al menos a corto plazo.

Como veis, Angela Merkel está jugando con fuego y las llamas le están empezando a llegar. Las rentabilidades de los bonos son dramáticas: vivimos en una vorágine especulativa sin igual. El bono belga subiendo exponencialmente en un mercado donde se tendría que regular de una manera increíble, ya que lo que está en juego es la viabilidad de un país, mucho más allá del beneficio económico.

De nada ha servido que el FMI diga que crea una nueva línea flexible de liquidez que dará acceso a financiación durante seis meses a los países para necesidades de corto plazo en la balanza de pagos. En el caso español, ¿de cuánto dinero podríamos estar hablando? Pues bien, la clave está en la cuota, según la propia web del Ministerio de Economía español: España es miembro del FMI desde 1958; por tanto, su cuota sería de unos 4.023 millones de euros.

Como os podéis imaginar, la bolsa está intocable para el que piense en un posicionamiento alcista. La tendencia bajista es muy fuerte, pero me sigue sorprendiendo la fortaleza que demuestra el IBEX, que se resiste a llegar a los mínimos de 2009 cuando en la realidad el mundo está muchísimo peor que en aquel post-crac bancario. Sin lugar a dudas, la esperanza del mercado de que cualquier día se puede solucionar la situación actual con un «Merkelazo» está frenando un crac bursátil. Es mucha la desconfianza puesta en Europa, pero empiezo a percibir muchas ganas de que esto pueda cambiar en cualquier momento. Sin duda, interesantísimo. Hasta entonces, olvidaos de mantener posiciones alcistas durante varios días. Es el gran momento para las operaciones intradía, y hay que operar más que nunca aplicando el *stop loss* de pérdidas.

Precaución en un escenario bajista

4 de diciembre de 2011

Muchas veces resulta sorprendente la previsibilidad que puede llegar a tener el ser humano. Hasta las altas esferas políticas, parece que se mueven siguiendo un mismo patrón que muchas veces recuerda el que siguen los niños. Angela Merkel llevaba semanas diciendo «no» a todas la medidas. No quería eurobonos, no quería incremento de liquidez por parte del BCE y no quería ningún tipo de intervención. De esta manera, se fuerza que los estados lleven a cabo medidas de austeridad a marchas forzadas si quieren que su prima de riesgo no les estrangule.

Sin embargo, el pasado día 23 de noviembre ya dijimos que era un punto de inflexión, y ¡caramba si lo ha sido! Un punto de inflexión que se produjo cuando Alemania no pudo colocar la totalidad de la deuda que emitió y que, si no llega a ser por el Bundesbank, no se hubiera podido colocar en su totalidad.

Alemania vio que no era invencible y que quizás necesitaba empezar a realizar un cambio de actitud. Este cambio de actitud ha venido hoy concertadamente con medidas atípicas y excepcionales que otorgan a los estados la posibilidad de lograr el activo que más necesitan en estos momentos: tiempo.

La primera acción la llevó a cabo China, rebajando las reservas que pide a los bancos en 50 puntos básicos. Con esto mandaba a los mercados el mensaje de que su banco central aflojará la mano para impedir que el aterrizaje de su país sea demasiado duro. Muy bueno para los mercados que son muy sensibles a esto.

La segunda acción fue una acción concertada de casi todos los grandes bancos centrales mundiales, incluido el BCE, con lo cual dotaron al sistema de una liquidez muy importante y descongelaron las acciones entre los bancos, que por desconfianza no se prestaban entre ellos. Esta medida es buenísima para los bancos, porque vuelven a tener crédito de nuevo, y esto debería repercutir en un aumento del crédito a empresas y particulares, aunque supongo que no lo van a hacer.

Además, ha salido Mario Monti a decir que Angela Merkel y Nicolas Sarkozy harán público un comunicado muy importante en pocos días. No quedaba duda de que el mercado estaba descontando esta situación, puesto que en ningún momento se habían alcanzado los niveles del primer trimestre de 2009, y el mundo —es obvio— está mucho peor que en 2009.

La matriz rentabilidad/riesgo ya estaba muy descompensada para los *hedge funds*, de manera que cualquier noticia era sensible de lograr grandes subidas, en el caso de ser positivas. También es interesantísimo el cruce euro/dólar. Son constantes las dudas sobre la fortaleza del euro, pero está claro que la rentabilidad que ofrece la deuda europea es lo suficientemente golosa para asumir ese plus de riesgo y seguir invirtiendo en deuda soberana. Eso implica una gran cantidad de compra de euros. Comprar dólares y esperar una rentabilidad en el cambio implica el problema del coste de oportunidad, ya que los intereses que podrían rendir esos dólares son ahora mismo demasiado escasos. Pero hay que tener mucha precaución. A efectos técnicos no ha cambiado nada. La bolsa sigue siendo bajista y la inversión en ella sigue siendo peligrosa. Si bien es cierto que noticias tan contundentes como la anunciada el miércoles crean reacciones violentas en los mercados, hay que ser prudente y no dejarse llevar por la euforia. No hay que olvidar que las subidas violentas en escenarios bajistas se deben, en muchos casos, al cierre de las posiciones bajistas.

Cambio de dirección en las bolsas

11 de diciembre de 2011

Muchas veces no apreciamos lo que tenemos hasta que lo perdemos. Probablemente eso es lo que ha pensado Alemania cuando, hace diez días, tuvo serios problemas en el momento de colocar su bono de diez años. El hecho de sentir que no era intocable y que si no llega a ser por el Bundesbank no hubiera podido colocar toda la emisión, ha provocado que los acontecimientos se aceleraran.

Empezamos por la intervención conjunta de los bancos centrales, acción que parece haber dado un respiro a todo el sector bancario después de asegurarles lo que más necesitan: la liquidez. Estas medidas provocaron que el miércoles, la subasta de deuda a cinco años en Alemania tuviera éxito y se colocaran 4.090 millones de euros con unas peticiones de 8.670 millones. Esto ha alejado el fantasma de la última de diez años y ha vuelto a meter el miedo a los activos de riesgo, al ver aumentar la demanda de activos seguros. La muy buena acogida de la subasta de bonos a cinco años que ha tenido un BTC casi de 2, ha espoleado toda la curva de tipos alemana al ver que ya se ha pasado el fantasma de la mala subasta a diez años que empezó a avisar de que Alemania también estaba con problemas.

La solución

El lunes hubo la reunión de Merkel y Sarkozy para definir una hoja de ruta que dejaba clara la voluntad de salvar Europa y el euro, pero bajo la estricta tutela de las dos potencias, que se han erigido como portavoces de los otros 27 miembros. Está claro que, en el corto plazo, la opción de los eurobonos queda totalmente descartada, se va a luchar por un control del déficit y por el comienzo de la unión fiscal entre los miembros. Proyectos a largo plazo que dejan muchas dudas sobre la efectividad de corto plazo. Bajo mi punto de vista, todos estos proyectos largoplacistas para ganar tiempo a corto plazo están muy bien, pero siguen sin solucionar el problema que ha puesto en jaque a toda Europa. Siguen sin regular el mercado que se ha llevado por delante a Grecia e Italia, siguen sin poner regulación al mercado de bonos, permitiendo posiciones bajistas salvajes con apalancamientos salvajes. No hemos arreglado nada.

Las bolsas han cambiado el rumbo y, desde un punto de vista técnico, hay que empezar a mirarse algunas opciones con ojos alcistas. Finalmente, el Banco Santander se pone a rebufo del IBEX, siguiendo su pauta alcista a medio plazo. Toda posición por encima de los 5,80 euros ha de ser positiva, los *stop-loss* no han de estar muy alejados de ese nivel que coincide con su directriz bajista a medio plazo. Y es que si no pasa nada extraño en la cumbre del fin de semana y el Banco Santander mantiene los 5,80 euros durante las próximas sesiones, la continuidad alcista de los mercados puede ser de gran importancia.

Apéndice

Las valoraciones de las compañías durante las últimas sesiones han sufrido castigos que ya descuentan el peor de los escenarios macroeconómicos posibles, con lo que puede haber subidas en vertical. Como ejemplo, encontramos el Banco de Valencia, que, tras perder los 0,40 euros, ha conseguido subir más de un 100% en pocas sesiones con aparente facilidad. ¿Es el momento de arriesgar? Sí; si el valor director mantiene el nivel citado anteriormente, hay que arriesgar.

Epílogo |

La neurociencia y los mercados de valores. Siguiendo las pistas cerebrales del miedo y la confianza.

Albert Figueras

El miedo, la confianza o la ansiedad tienen un papel muy importante en la toma de decisiones. Aunque estamos convencidos de que somos las criaturas más racionales del planeta, a la hora de la verdad, cuando tenemos que decidir hacer algo, escoger una opción, apostar fuerte o detenernos de inmediato, el raciocinio (o sea, el conocimiento técnico) comparte protagonismo con las emociones.

La neurociencia, estudiar qué sucede en nuestro cerebro, nos da un poco de luz sobre cómo actuamos y por qué. En este caso, conocer algo más sobre el miedo y la confianza puede ayudarnos a comprender algunas razones de la forma de «operar» de los mercados, más allá de las cuestiones técnicas que explica Josef Ajram.

En enero de 2009, la revista *British Medical Journal* publicaba los resultados del análisis de una cohorte de casi 5.000 personas que viven en la localidad de Framingham (Massachusetts), de quienes se recoge información personal, social y clínica desde 1948; se conoce como el *Framingham Heart Study*.

La solución

Las conclusiones de este análisis permitieron demostrar que la «felicidad» (medida con test aceptados internacionalmente) se extiende de manera dinámica en una gran red social, siguiendo un patrón contagioso. Así pues, el hecho de tener cerca a un amigo o una pareja «feliz» incrementa la probabilidad de que uno también se sienta feliz.

Siguiendo un razonamiento similar al que sugieren los hallazgos del estudio de Framingham, se puede especular que la violencia y su expansión entre la multitud podría seguir, también, patrones de tipo epidémico. En 1961, mediante un experimento clásico –y bastante criticado–, Albert Bandura describió los efectos negativos que tiene presenciar conductas agresivas (por ejemplo, ver cómo unos adultos golpean repetidamente un tentetieso hinchable) sobre los niños.

Si miramos el tema desde otro punto de vista, se ha descrito el contagio del pánico entre la muchedumbre; se ha analizado repetidamente cómo se comporta un grupo numeroso de personas en caso de alarma o cuando se produce un accidente grave. Esta es la razón por la que en los locales públicos se han instalado sistemas de abertura llamados «antipánico», porque se sabe que el razonamiento en este tipo de situaciones no siempre sigue un esquema racional. Las personas, cuando estamos con los «otros», cuando abandonamos momentáneamente la individualidad para ser masa, reaccionamos de modo distinto a cuando actuamos reflexionando por nosotros mismos. Esto lo conocen bien los líderes.

Contagios y epidemias

Veamos algo sobre los «contagios» inconscientes. No bostece, por favor.

Aunque no hay acuerdo unánime, bostezar es un acto inconsciente que compartimos con algunos mamíferos superiores y cuya misión es la de advertir sobre la necesidad de descansar o de distraer la atención del cerebro tras un tiempo de actividad y falta de sueño. Sin embargo, lo interesante de hablar de bostezos o de ver bostezar a alguien es un efecto sutil y misterioso: su contagio.

Cuando estamos junto a una persona que abre la boca lentamente, cierra los ojos y exhala un suspiro intenso, pocos instantes después nos vemos a nosotros mismos bostezando sin poder hacer nada para evitarlo; a veces, incluso nos sucede sin presenciarlo, sólo pensando en bostezos, leyendo sobre el tema o escuchando a alguien bostezar de tedio o de sueño. El psicólogo Steven Platek, de la Universidad de Drexel en Filadelfia, y otros investigadores que han profundizado en este fenómeno opinan que el contagio de bostezos es una muestra ancestral de empatía —esa capacidad para identificarnos mental y afectivamente con quienes tenemos alrededor, de ponernos en su lugar—. Por tanto, parece que el cerebro tiene la posibilidad de percibir e imitar de manera inconsciente (o poco consciente) las acciones o el estado de las personas con quienes nos cruzamos.

Por cierto, ¿ya bostezó?

Este es sólo un ejemplo ilustrativo, pero un mecanismo similar podría ocurrir con algunas emociones o estados de ánimo, como el miedo o la sensación de inseguridad. ¿Nunca le llevaron a un cementerio una noche cerrada y empezaron a explicarle historias de terror junto a las tumbas? Todo parece sobrecogedor y cualquier ruido, incluso una hoja seca que cae sobre una losa de mármol, es capaz de despertar el sobrecogimiento colectivo creciente que acaba incluso modificándonos la percepción, alterando estos «filtros» que tiene el cerebro de los que hablábamos al comienzo del libro. Muchos de los reunidos en ese cementerio creen haber escuchado alguna voz cavernosa inexistente o haber visto fugazmente un rostro fantasmagórico entre las sombras impenetrables de la noche.

La interpretación de lo que perciben nuestros órganos de los sentidos matizada por el cristal coloreado de las gafas de nuestra imaginación, los recuerdos dolorosos o agradables, los antecedentes personales y el grado de tolerancia a lo desconocido determinan nuestras reacciones: huir o enfrentarse, gritar o menospreciar el objeto del miedo.

Sea cual sea la conducta, resulta interesante recordar algo: algunas de las respuestas originadas por el miedo en distintos aspectos de la vida de cada uno siguen un patrón parecido a la conducta de los adolescentes que se juntan en un cementerio para explicarse historias de terror. Pensar en esta dinámica de comportamiento ayuda a explicar cómo aparecen los temores infundados y los prejuicios. Y desde esta perspectiva, resulta fácil intuir por qué, en un contexto de miedo –o de propaganda que fomenta el miedo–, aparecen conductas insolidarias y de delación, y estas cobran un protagonismo importante.

En tiempos de guerra y de posguerra, el control de los vecinos por parte de los propios vecinos se ha utilizado como una fuente de información extremadamente eficaz. Por un lado, la delación permite que el delator obtenga favores para él y su familia, lo que estimula la búsqueda de información; por otro lado, sabiéndose controladas, las personas tienden a seguir más las reglas impuestas. La vigilancia que el ser humano impone a sus congéneres es una de las pocas conductas que le diferencian de los animales. La película alemana *La vida de los otros*, dirigida por Florian Henkel-Donnersmarck e interpretada por Ulrich Mühe, es un buen ejemplo sobre la delación y sus efectos en el Berlín Oriental de la posguerra.

Fíjese en que todas estas simples respuestas debidas a cuestiones fisiológicas pueden originar fácilmente conductas poco racionales. Esto es sumamente interesante cuando lo aplicamos a cuestiones como los mercados de valores o la respuesta ante insinuaciones por parte de agencias calificadoras.

Y la pregunta que se plantea de inmediato es: «Entonces, ¿quién decide realmente?». Jonah Berger es un profesor de marketing en la Universidad de Pensilvania que estudia las causas que explican por qué, a pesar de conocer perfectamente la teoría de un riesgo (como fumar), muchas personas siguen fumando. En su libro *How We Decide* pone un ejemplo curioso: en la Universidad de Stanford se analizaron las causas que hacían que muchos ciclistas no utilizasen casco, lo que provocaba numerosos accidentes graves en el campus. Los autores descubrieron que en la universidad todos conocían bien la teoría, el riesgo; sin embargo, resulta que quienes utilizaban más el casco eran los graduados y los profesores, mientras que los estudiantes no querían que les confundiesen con ellos, porque los consideraban un grupo social poco elegante; su respuesta: no utilizar casco.

Cualquier moda tiene unas características y unas circunstancias que la hacen apetecible para unos y detestable para otros. Llevar una gorra con la visera hacia atrás era una costumbre eminentemente práctica de algunos obreros del Bronx y de Harlem: así evitaban que la visera les molestara durante el trabajo, al tiempo que se protegían la nuca de los rayos solares. Algunos adolescentes y jóvenes copiaron esta costumbre y la convirtieron en una señal de identidad que la globalización se encargó de diseminar por todo el planeta.

¿Por qué tomamos una decisión? Raramente la tomamos exclusivamente tras un proceso de razonamiento puro...; cualquier decisión viene influida por las emociones que experimentamos en un momento determinado.

Epílogo

Un fantasma de sombra alargada llamado Miedo

Sólo para tener una idea: la página web norteamericana *The Phobia List* (www.phobialist.com) incluye una lista de 530 fobias que pueden afectar al ser humano. Se ha descrito miedo a cosas reales o imaginarias, a uno mismo y a los demás, a personas y animales, a afectos y emociones... Miedo a todo.

El miedo es primariamente una respuesta protectora. «¡Necesitamos el miedo! En la medida que nos ayuda a protegernos de los peligros y nos da ciertas dosis de prudencia para no decir lo que pensamos a nuestro jefe o abandonar nuestro trabajo sin otra opción laboral (...)», recuerda Pilar Jericó en *No-miedo*. El respeto al fuego o la sensación vertiginosa al estar junto a un acantilado son respuestas elaboradas por el cerebro que permiten evitar situaciones de riesgo para la vida o que preparan para lograr una huida más eficaz. Es decir, el miedo contribuye a equilibrar determinados impulsos. Los padres juegan un papel esencial en su transmisión, al educar a sus hijos para que no se asomen demasiado a una ventana o no jueguen con los enchufes, por ejemplo.

Sin embargo, este miedo protector genera emociones, origina respuestas en el laboratorio cerebral y puede contribuir a que el individuo vea la vida de una manera más o menos negativa. La respuesta casi automática de sujetarnos a la barandilla cuando nos asomamos al balcón de un 15.º piso no pone en marcha los mismos mecanismos que oír unos pasos a nuestra espalda mientras andamos por un paraje desconocido y solitario durante la noche. Y este temor momentáneo que nos protege frente a los peligros es distinto de la reacción que, ante un estímulo apropiado, congela la capacidad de respuesta de una manera continuada o repetida; es lo que se ha denominado un «miedo tóxico».

Este «miedo tóxico» es el que origina más conductas *patológicas*. Y no sólo da lugar a la clásica respuesta de quedarse congelado y sin capacidad de reacción frente a lo que atemoriza, sino que desencadena una serie de comportamientos más o menos complejos, cuyo análisis puede explicar actitudes que, a priori, parecen excentricidades, manías, supersticiones, etc.

Frente a un miedo tóxico, la persona afectada pronto aprende a percibir situaciones que anticipan la llegada de ese miedo, por lo que también se anticipa la respuesta vegetativa y la huida. Es algo parecido a lo que les sucede a las ratas de los famosos experimentos de Pavlov.

Veamos un ejemplo: se coloca a una rata en una jaula y se le van aplicando pequeñas descargas eléctricas en las patas, que sólo cesan cuando aprende a bajar una palanca situada junto al dispensador de agua. Después de repetir unas cuantas veces el experimento, el tiempo transcurrido entre el inicio de la descarga y la respuesta de bajar la palanca se hace cada vez más corto. Pero, si la frecuencia de descargas es muy elevada, se puede conseguir que la rata no se mueva de las inmediaciones de la palanca o, incluso, que presionarla se convierta en la única actividad para evitar completamente las descargas.

Epílogo

Si alejamos a la rata de la palanca, su nivel de estrés aumentará y rápidamente tratará de encontrar el camino hacia ella. Imaginemos ahora que dos segundos antes de la descarga hacemos sonar un timbre. Al cabo de media docena de repeticiones, la rata aprenderá que el timbre se asocia a la descarga eléctrica, de modo que justo cuando oiga el timbre, correrá hacia la palanca. Asocia algo neutro e inofensivo como el ruido del timbre a la descarga eléctrica, y aprende a tener «miedo del timbre». Este sería un miedo tóxico para esta rata.

Incluso, si avanzamos un paso más y hacemos desaparecer la palanca «salvadora», cuando la rata oiga el timbre, iniciará una búsqueda frenética de la palanca que se traducirá en una deambulación desesperada por toda la jaula. Este sencillo mecanismo está en el trasfondo de muchos miedos tóxicos de los humanos, y este tipo de asociaciones aparentemente irracionales (pero que pueden tener su lógica por recuerdos y condicionamientos –a veces muy remotos–) genera conductas de evitación activa. En estas situaciones, si se impiden conductas de huida o de evitación, es posible que todo ello se traduzca en tensiones musculares u otras enfermedades psicosomáticas.

Josef Ajram conoce bien las consecuencias del miedo y de las insinuaciones sobre las respuestas de los inversores que se traducen en comprar o vender acciones masivamente.

El miedo motiva.

El miedo vende (por ejemplo, noticiarios) y hace comprar (seguros, armas, protección antibalas, protección antinuclear, protección antirrobo...).

La solución

Hay algunos miedos que son más o menos universales. Por ello, no es de extrañar que el miedo se utilice a menudo para lograr una respuesta social determinada. A veces, basta sólo con sugerirlo; ni hace falta nombrarlo. Cuando me encuentro fuera del país y no tengo acceso fácil a internet, trato de enterarme de las noticias europeas por televisión; ello me obliga a ver los canales especializados en proporcionar información las 24 horas. En casi todos ellos, los titulares destacados van recorriendo sin cesar la parte inferior de la pantalla independientemente de la voz del presentador, de modo que las veinte o treinta frases sucintas se repiten cada dos o tres minutos.

Desde septiembre de 2001, cada vez que he sintonizado uno de dichos canales, he podido leer el titular: «*Terror level*» (nivel del terror), que, además, la mayoría de las veces suele merecer el adjetivo «*high*» (alto). ¿Cuál debe ser la sensación del televidente que recibe a diario esta información? Y, sobre todo, ¿qué se persigue al generar esta *noticia*?

Barry Glassner, sociólogo y profesor de la Universidad de South California, escribió un completo y documentado ensayo titulado *Cultura del miedo*. Parte de una pregunta inicial que parece muy reveladora: «¿Por qué tememos cada vez más lo que deberíamos temer cada vez menos?».

En este ensayo se analizan detenidamente varios ejemplos, como los accidentes de tráfico, la presencia de la criminalidad en los noticiarios televisados o los riesgos a los que está sometida la juventud. «*¿Por qué será que, a pesar de* *que los índices de criminalidad cayeron durante la década de 1990, dos tercios de los norteamericanos están convencidos de que aumentaron? A mediados de la década, un 62% de la población se describía "verdaderamente desesperada" en relación con la criminalidad –casi el doble que al final de la década de 1980, cuando los índices de criminalidad eran más elevados–. (...) A finales de la década de 1990 el número de usuarios de drogas se había reducido a la mitad en relación con la década anterior; casi un 66% de los alumnos de último curso de la enseñanza secundaria nunca habían consumido ningún tipo de droga, ni siquiera marihuana. Entonces, ¿por qué la mayoría de los adultos considera que el consumo de drogas es el mayor peligro para la juventud americana?»*

No hay duda de que los medios de comunicación (con su necesario ejercicio de síntesis), la colaboración más o menos consciente de algunos líderes políticos (con mensajes ambiguos) y la repetición machacona contribuyen a mantener el miedo. Los mensajes se mantienen suspendidos en el aire, como en los macroconciertos, cuando alguien tira un globo gigante sobre los espectadores y estos lo van pasando de una mano a la otra, por encima de sus cabezas, sin que llegue a tocar nunca el suelo. Barry Glassner publicó la primera edición de su ensayo en el año 1999, o sea antes de los atentados del 11 de septiembre de 2001 y las posteriores intervenciones de Afganistán e Irak. Por tanto, no recoge las tergiversaciones sobre las supuestas «armas de destrucción masiva», otro ejemplo más del uso del miedo reconocido por sus propios protagonistas.

Además de las campañas de miedo más o menos *global*, otro de los temores que motiva conductas de evitación y genera un notable nivel de ansiedad es el miedo al cambio, a que las cosas se muevan bajo nuestros pies, a que perdamos esa ancla que nos da seguridad...

La estabilidad de las cosas o las situaciones, especialmente cuando proporcionan bienestar al individuo, es algo que confiere seguridad. Pensar que eso pueda cambiar en cualquier momento llega a aterrarnos. **Lograr y mantener la estabilidad (ficticia) es uno de los grandes motivadores del ser humano.** Hace unos años me pidieron que tradujera unos textos sobre budismo del inglés al catalán. No soy seguidor de ninguna religión, ni siquiera del ateísmo. Sin embargo, en el libro *Los lugares que te asustan*, de Pema Chödron, descubrí una idea de la doctrina budista que me pareció interesante y útil:

«La primera premisa de la existencia es que no hay nada estático ni inmóvil, que todo es breve y temporal. Esta es la situación normal y corriente de las cosas. Todo está en proceso. Todo —cada árbol, cada hoja, los animales, los insectos, los seres humanos, los edificios, lo que está animado y lo inanimado— se encuentra en cambio permanente, en todo momento. No es necesario que seamos místicos ni físicos para saberlo; a pesar de ello, en el plano de nuestra experiencia personal, nos resistimos a este hecho básico. Significa que la vida no siempre se encontrará de nuestra parte. Significa que hay pérdidas y que hay ganancias. Y eso no nos gusta. Una vez me cambié de trabajo y de casa al

mismo tiempo. Me sentía insegura, llena de insatisfacción y con los pies de barro. Fui a hablar con Trungpa Rinpoche con la esperanza de que me ayudara en estos cambios; le dije que tenía problemas con las transiciones. Me miró como si no me entendiera y comentó: "Siempre estamos en transición", y añadió: "Si eres capaz de sentirte relajada con esta idea, no tendrás ningún problema".»

El miedo es una emoción potente, y sin duda muchos de quienes mueven los hilos de las finanzas del mundo lo saben y se aprovechan de ello. Lo interesante de la situación actual es que se suma este «jugar» con las personas utilizando los conocimientos neuronales del miedo junto con maniobras financieras como las que expone Josef, que han permitido llegar a la situación actual.

Del mismo modo, *La solución* puede surgir de intentar casar la química de nuestro cuerpo con los números, los negocios con las neuronas, para lograr dar la vuelta a esa vertiginosa montaña rusa que es la economía mundial desde 2008.

Su opinión es importante.
En futuras ediciones, estaremos encantados
de recoger sus valoraciones sobre este libro.
Por favor, háganoslas llegar a través de nuestra web:

www.plataformaeditorial.com

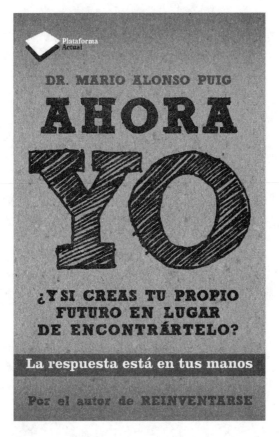

Una llamada a creer en nosotros mismos y en nuestra capacidad para ser artífices de nuestro propio destino, desde el compromiso y la voluntad de superación.